maçã

appel

pera

peer

laranja

sinaasappel

limão

citroen

uvas

druiven

morango

aardbei

melancia

watermeloen

coco

kokosnoot

banana

banaan

framboesa

framboos

quivi

kiwi

cereja

kers

mirtilo

bosbes

ameixa

pruim

pêssego

perzik

figo

vijg

ananás

ananas

manga

mango

dióspiro

kaki

couve-flor

**bloemkool

curgete

courgette

beringela

aubergine

cenoura

wortel

batata

aardappel

couve

kool

tomate

tomaat

espinafre

spinazie

brócolos

broccoli

ervilhas

erwten

abóbora

pompoen

abóbora-menina

flespompoen

abacate

avocado

alcachofra

artisjok

cogumelo

paddenstoel

rabanete

radijs

alho

knoflook

cebola

ui

beterraba

biet

alho-francês

prei

pimento

paprika

pimenta-malagueta

chili peper

espargos

asperge